# BEI GRIN MACHT SICH WISSEN BEZAHLT

- Wir veröffentlichen Ihre Hausarbeit,
  Bachelor- und Masterarbeit

- Ihr eigenes eBook und Buch -
  weltweit in allen wichtigen Shops

- Verdienen Sie an jedem Verkauf

## Jetzt bei www.GRIN.com hochladen und kostenlos publizieren

## Bibliografische Information der Deutschen Nationalbibliothek:

Die Deutsche Bibliothek verzeichnet diese Publikation in der Deutschen National-bibliografie; detaillierte bibliografische Daten sind im Internet über http://dnb.d-nb.de/ abrufbar.

## Impressum:

Copyright © 2007 GRIN Verlag
Druck und Bindung: Books on Demand GmbH, Norderstedt Germany
ISBN: 9783668766532

## Dieses Buch bei GRIN:

https://www.grin.com/document/436324

Maria Dschaak

# Die Erfahrung des Fremden. Ein Vergleich von Calvino und Cortázar

GRIN Verlag

## GRIN - Your knowledge has value

Der GRIN Verlag publiziert seit 1998 wissenschaftliche Arbeiten von Studenten, Hochschullehrern und anderen Akademikern als eBook und gedrucktes Buch. Die Verlagswebsite www.grin.com ist die ideale Plattform zur Veröffentlichung von Hausarbeiten, Abschlussarbeiten, wissenschaftlichen Aufsätzen, Dissertationen und Fachbüchern.

**Besuchen Sie uns im Internet:**

http://www.grin.com/

http://www.facebook.com/grincom

http://www.twitter.com/grin_com

# Inhaltsverzeichnis

# 1. Einleitung

Wenn Louis Vax sich der Aufgabe verweigert, das Phantastische zu definieren[1], so deshalb, weil damit erhebliche Schwierigkeiten verbunden sind. Die Ansätze der Literaturwissenschaftler reichen von motivischen Kriterien bis zur dargestellten Ordnung, in der das Phantastische als Bruch mit derselbigen auftritt, als Prüfstein. Trotz aller Definitionsschwierigkeiten des Gattungsbegriffs der phantastischen Literatur kann man Phantastik als „Genre oder Modus der Alerität"[2] verstehen, die von der Befremdung des Menschen auf geistiger, seelischer und körperlicher Ebene erzählt. Hausbesetzergeschichten erweisen sich dabei als prädestiniert, um von dem Eindringen des Fremden ins Eigene zu erzählen. Im Zentrum steht ein Mensch, der seiner Macht und Kontrolle beraubt ist. Nicht nur die Welt, die er belebt, wird als unzugänglich empfunden, sondern auch das eigene Selbst durchzieht ein Riss und teilt den Menschen in eine helle und eine dunkle Seite, seinen Verstand und sein Einsichtsvermögen und seine Abgründe, sein Verdrängtes.

Der italienische Schriftsteller Italo Calvino unternimmt in einem Artikel vom 15. August 1970 für *Le Monde*[3] den Versuch, den Begriff des Phantastischen einzugrenzen, indem er Texte dieser Art als „meditazione sugli incubi o i desideri nascosti dell`uomo contemporaneo"[4] versteht. Gleichzeitig entzieht er sich aber der Aufgabe, seine Erzählungen innerhalb der Klassifizierungen dieser Gattung einzuordnen und überläst dieses Anliegen den Kritikern.[5] Eine seiner Erzählungen ist nun Gegenstand dieser Hausarbeit. Die 1965 erschienene Geschichte *La formica argentina* erzählt von einer mittellosen, kleinen Familie, die erst kürzlich in ein weiter außerhalb liegendes Haus gezogen ist, das ihnen von Signora Mauro vermietet wurde. Schon in der ersten Nacht entpuppt sich die von der Familie ersehnte Ruhe und Sorglosigkeit als Schein: Das Haus, Kind, Schlaf und Nahrung werden von Ameisen bedroht. Auch die Nachbarfamilien von Signor Reginaudo und Capitano Brauni, ebenso wie die weiter entfernt wohnende Vermieterin, werden von dem gleichen Problem geplagt. Hilfe erhofft sich die Familie von Capitano Brauni, der immer wieder neue Ameisenbekämpfungsmaschinen erfindet, die das Problem

---

[1] Louix, Vax: Die Phantastik. In: Païcon 1-Almanach der phantastischen Literatur. Hrsg. v. Rein A. Zondergeld. Frankfurt 1997. S. 11.
[2] Grob, Thomas: Phantastik. Phantasie. Fiktion. Autoreflexive literarische Phantastik und ihr romantisches Erbe. In: Nach Todorov. Beiträge zu einer Definition des Phantastischen in der Literatur. Hrsg. v. Clemens Ruthner u. Ursula Reber u.a. Tübingen: Francke Verlag 2006. S. 156.
[3] Zusammen mit anderen Essays und Artikeln gesammelt in Calvino, Italo: Una pietra sopra. Discorsi di letteratura e societá. Torino: Einaudi 1980.
[4] Calvino, Italo.: Una pietra sopra. Discorsi di letteratura e societá. Torino: Einaudi 1980. S. 216.
[5] Ebd. S. 216.

eindämmen, allerdings nicht beheben können. Auch Signor Baudino, ein Angestellter des „Ente per la lotta contro la formica argentina"[6], vermag es nicht, der Ameisenplage Herr zu werden. Es wird sogar vermutet, dass die Melasse, die er in allen Gärten und Häusern verteilt, die Ameisen eher nährt, als dass sie sie ausrottet. Nach einer wutentbrannten Konfrontation der Familie mit Signore Baudino, kehrt sie in „la loro misera vita assieme alle formiche"[7] wieder zurück. Die Erzählung endet mit einem Spaziergang der Familie am Abend zum Meer, dem Ort an dem es keine Ameisen gibt.

Verglichen werden soll diese Erzählung mit der Kurzgeschichte *Casa tomada* des argentinischen Schriftstellers Julio Cortázar, die erstmals 1946 in der von Jorge Luis Borges herausgegebenen Zeitschrift *Los Anales de Buenos Aires* erschienen ist.[8] Hauptfiguren sind der Ich-Erzähler und seine Schwester Irene, die gemeinsam das großes Haus ihrer Vorfahren bewohnen; bis eines Tages die hintere Hälfte des Hauses von unbestimmten Kräften besetzt wird, so dass sich beide nun auf den vorderen Teil des Hauses beschränken müssen. Doch auch dieser wird ihnen bei einer zweiten Invasion geraubt und so bleibt den Geschwistern keine andere Wahl, als das Haus zu verlassen.

Der Vergleich, der dazu dienlich ist, in der Abgrenzung die einzelnen Merkmale und Eigenheiten der jeweiligen Geschichten herauszustellen, bezieht sich dabei zum einem auf die zu Beginn der Kurzgeschichten dargestellten Ordnungen (2.1.) und dann im zweiten Schritt auf das Wesen des Fremden und seine Form des Einbruchs in die im ersten Teil geschilderte Darstellung der Wirklichkeit (2.2). Im dritten Teil dieser Studie erfolgt dann eine Analyse des Verhaltens der Figuren und das dadurch repräsentierte Menschenbild, um so zwei unterschiedliche Nuancen im Umgang mit phantastischer Literatur deutlich machen zu können. Es soll herausgestellt werden, welch unterschiedlichen oder auch ähnlichen Ausdruck die jeweiligen Autoren dem Einbruch des Fremden verleihen und welche Rolle der Mensch dabei spielt.

---

[6] Calvino, Italo: La formica argentina. In: Calvino, Italo: La nuvola di smog e La formica argentina. Torino: Einaudi 1965. S. 112.
[7] Ebd. S. 125.
[8] Vgl. Alazraki, Jaime: Hacia Cortázar: aproximaciones a su obra. Barcelona: Anthropos 1994. S. 58.

## 2. Der Vergleich

Roger Caillois versucht, das Phantastische über die dargestellte Ordnung der Welt begrifflich zu fassen und definiert es als „einen Riß, einen befremdenden, fast unerträglichen Einbruch in die wirkliche Welt."[9] Teil dieser Welt ist das eigene Haus, der Ort des Vertrauten, Geborgenen, Normale. Es stellt sich also die Frage, inwieweit diese Charakteristika für die jeweiligen Häuser in den beiden Kurzgeschichten gültig gemacht werden können.

### 2.1. Die Rolle des Hauses und die dargestellte Ordnung in der narrativen Welt

In Cortázars *Casa tomada* pflegen die beiden einzigen Bewohner, das Geschwisterpaar bestehend aus Irene und dem Ich-Erzähler, der seinen Namen nicht preisgibt, ein inniges Verhältnis zu ihrem Haus. Es wird von ihnen nicht nur wegen seiner Größe geschätzt, sondern auch weil es Träger ihrer „recuerdos de nuestros bisabuelos, el abuelo paterno, nuestros padres y toda la infancia"[10] ist. Wie Marta Morella-Frosch bereits formulierte, konstituiert das Haus Teil ihrer Vergangenheit, wird zum Sinnbild ihrer Identität.[11]

Im Gegensatz zu Calvino verweist Cortázar schon in der Wahl des Titels seiner Kurzgeschichte auf die Rolle des Hauses als einer der Protagonisten der Erzählung. Unterstrichen wird diese durch die detaillierten Beschreibungen der Raumaufteilung und seiner Funktionalität und Bedeutung für die beiden Geschwister. Auffällig ist die Zweiteilung des Hauses in einen hinteren und einen vorderen Teil, die von einem Korridor mit massiver Eichentür voneinander getrennt werden:

> El comedor, una sala con gobelinos, la bibioteca y tres dormiorios grandes quedaban en la parte más retirada, la que mira hacia Rodriguez-Peña. Solamente un pasillo con su maciza puerta de roble aislaba esa parte del ala delantera [...].[12]

Von den beiden Geschwistern wird aber lediglich der vordere Teil des Hauses in Anspruch genommen, welches, wie der Ich-Erzähler berichtet, Platz für acht Personen gehab hätte: „[...] lo que era una locura pues en esa casa podían vivir ocho personas sin estorbarse."[13] Genutzt wird von ihnen nur der Teil, der die für ihren Alltag wichtigen Räumlichkeiten beinhaltet wie etwa die Küche oder das Bad. Der Rest des Hauses stellt keinen aktiven Lebensraum dar, sondern lediglich

---

[9] Caillois, Roger: Das Bild des Phantastischen. Vom Märchen bis zur Science-Fiction. In: Phaïcon 1 – Almanach der phantastischen Literatur. Hrsg. v. Rein A. Zondergeld. Frankfurt 1974.
[10] Cortázar, Julio: Casa tomada. In: Cortázar: Cuentos Completos /1 (1945-1966). Madrid: Alfaguara 1996. S. 107.
[11] Vgl. Morello-Frosch, Marta: La relación personaje-espacio en las ficciones de Cortázar. In: Estudios sobre los cuentos de Julio Cortázar. Hrsg. v. David Lagmanovich. Barcelona 1975. S. 119.
[12] Cortázar, J.: La casa tomada. S. 108.
[13] Ebd. S. 107.

vereinsamte Zimmer, die Gegenstände beherbergen. Die Größe wird nicht aktiv genutzt, bleibt verlassen und unbelebt.

Die Dopplungsstruktur der Raumaufteilung findet sich ebenfalls in dem Tagesablauf der Geschwister wieder, die sich in den Stunden vor dem Mittagessen der Säuberung des Hauses widmen und nach zwölf Uhr anderen Freizeitbeschäftigungen nachgehen. Das Haus gestaltet so einen wesentlichen Teil ihres Tagesrhythmus mit:

> Hacíamos la limpieza por la mañana, levantándonos a las siete, y a eso del las once yo le dejaba a Irene las úlimas habitaciones por repasar y me iba a cocinar. Almorzábamos a mediodía, siempre puntuales; [...].[14]

Ihre Tätigkeiten zeichnen sich im Wesentlichen durch zwei Kriterien aus: Im Falle Irenes durch den Pragmatismus und in beiden Fällen durch ihren Mangel an Kommunikationsbedürftigkeit, so dass zu der Leere, die aus der Tatsache resultiert, dass der Raum nicht genutzt wird, eine akustische Leere tritt, die sich sogar in den Räumen ausbreitet, die eine gewisse Funktionalität im Tagesrhythmus der Geschwister einnehmen. Diese Leere evoziert den Eindruck des Unheimlichen, Mysteriösen und erinnert an Häuser wie das in Edgar Allen Poes Erzählung *The fall of the House of Usher*. Eine weitere Parallele zu Poes Kurzgeschichte lässt sich in einer Formulierung Todorovs wiederfinden[15]: „Le sentiment d`étrangeté part donc des thèmes évoqués, lesquels sont liés à des tabous plus ou moins anciens."[16] Die sittlich konventionelle Schranke der zu intimen Geschwisterliebe wird in *Casa tomada* nie ausdrücklich überschritten, schweb aber als Ahnung des Lesers stets mit. Die Tatsache, dass beide ansonsten keinerlei Kontakt zu anderen Menschen pflegen und Irene sogar zwei Bewerber, angeblich ohne „mayor motivo"[17], zurückgewiesen hat, lassen den Leser über das Verhältnis beider Geschwister zueinander stutzen. Dem Erzähler allerdings erscheint ihre Geschwisterehe eine notwendige Folge des familiären Schicksals:

> Entramos a la cuarenta años con la inexpresada idea de que el nuestro, simple y silencioso marimonio de hermanos, era necesaria clausura de la genealogía asentada por los bisabuelos en nuestra casa.[18]

---

[14] Ebd. S. 107.
[15] Es lassen sich weitere Gemeinsamkeiten und Unterschiede herausstellen. Dieser Fragestellung soll hier jedoch nicht weiter nachgegangen werden. *The Fall of the House of Usher* wurde zuerst veröffentlicht in Burton`s Gentleman`s Magazin im September 1839.
[16] Todorov, Tzvetan : Introduction à la littérature fantastique. Paris: Éditions du Seuil 1970. S. 53.
[17] Cortázar, J.: Casa tomada. S. 107.
[18] Ebd. S. 107.

Erneut verweist diese Textstelle auf die Wiederholungsstruktur, die die ganze Kurzgeschichte durchzieht.

Auch ihre Tätigkeiten werden mit stetiger Regelmäßigkeit ausgeführt und provozieren den Eindruck einer Endlosschleife der Zeit, in der sie sich selbst auflöst und „wie eine glatte Fläche, eine Dimension des Raumes"[19] erscheint.

Da sie nicht gezwungen sind, sich ihren Lebensunterhalt zu verdienen, bewegt sie auch, abgesehen von den kurzen Einkäufen des Ich-Erzählers, damit Irene stets genügend Wolle zum Stricken hat, nichts dazu, das Haus zu verlassen. Es scheint, als gäbe es überhaupt kein Außerhalb, keine Gesellschaft, sondern nur das Innere des Hauses mit seinen beiden Bewohnern, die darin eine Welt der Ordnung, Stille, Regelmäßigkeit und des Pragmatismus geschaffen haben. Dieses für die Darstellung von gotischen Räumlichkeiten á la Piranesi typische Element evoziert im Normalfall die Idee von Gefangenschaft, ist im Falle des Ich-Erzählers und Irene aber eher eine selbstgewollte Gefangenschaft, die wahrscheinlich nur der Außenstehende mit seinem exogenen Blick als solche empfindet. Den beiden Geschwistern bietet das Haus Schutz, Geborgenheit und ist ein Ort des Rückzugs, den Morella-Frosch treffend als „una valva para estos moluscos casi inmóviles"[20] beschreibt.

Es wird eine geordnete Welt der Stabilität und Sicherheit geschildert, von der sich dann das Ungewöhnliche, Plötzliche, Mysteriöse absetzten kann. Das Phantastische benötigt diese Weltkonstruktion, um als Skandalon und Provokation wirken zu können. Man kann dabei von einem für die phantastische Literatur immanenten Paradoxum sprechen, das Caillois Verständnis dieser Gattung entgegenkommt: „Das Phantastische setzt die Festigkeit der realen Welt voraus, aber nur, um diese besser angreifen zu können."[21]

Eben so einen Ort der Beständigkeit sucht die kleine Familie in Calvinos *La formica argentina*. Die mittellose Familie, bestehend aus einem kleinen Kind, dem Ich-Erzähler und seiner Frau, sehnt sich nach einem Zufluchtsort vor ihren Sorgen und den alltäglichen Lasten der Welt, nach einem Ort, der einen neuen Lebensabschnitt markieren soll: „[...] questa regione, dove la vita, [...], era piú facile [...]."[22] Sie hoffen dies in dem von Signora Mauro vermieteten Haus wiederzufinden. Die Welt, die der Ich-Erzähler in *La formica argentina* konstruiert, erscheint dem Leser vertrauter,

---

[19] Caillois, R.: Das Bild des Phantastischen.
[20] Morella-Frosch, M.: La relación personaje-espacio en las ficciones de Cortázar. S.119.
[21] Caillois, R.: Das Bild des Phantastischen.
[22] Calvino, I. : La formica argentina. S. 85.

normaler, als die abgeschottete Haus-Welt der beiden Geschwister in *Casa tomada*, da sie mit den für normale Menschen täglichen Problemen kämpfen müssen. Anders als in Cortázars Kurzgeschichte, befindet sich die Familie in einer Phase des Umbruchs, wobei das Vorher von ständigen Sorgen und Nöten bestimmt war und auch das Nachher sich als solches entpuppt. Ihre Situation wird im Wesentlichen charakterisiert durch das Gefühl der Unzufriedenheit, des Mangels und der Sehnsucht.

Zusammenfassend lässt sich feststellen, dass sich die dargestellten Ordnungen konträr gegenüber stehen: Kontrastiert wird die stabile Welt beider Geschwister in *Casa tomada* von der im Aufbruch begriffenen Welt der Familie in *La formica argentina*.

Es stellt sich nun die Frage, in welcher Weise sich der Riss manifestiert und in wieweit die dargestellte Ordnung diese Art des Einbruchs bestimmt, wenn doch „die Elemente des Wunderbaren jedes Mal einer verborgenen Notwendigkeit" [23] gehorchen.

## 2.2. Der Einbruch des Fremden

Anfangs scheint es, als ob das von der Signora Mauro vermietete Haus die Bedürfnisse der kleinen Familie nach Geborgenheit und Ordnung stillen könnte, doch bereits am selben Abend stellt sich heraus, warum die vermeintliche Harmonie nur Schein gewesen ist: „Aveva visto le formiche sul rubinetto e la fila che veniva giù per il muro." [24] Hinter der sichtbaren Ebene verbirgt sich eine zweite, die von Ameisen bevölkert wird.

Schon die Wortwahl, die Todorov mit dem Begriff der Modalisation belegt hat [25], entlarvt die Wirklichkeit als doppelbödig und manifestiert die Ambiguität, die in dem Riss gründet, der sich in der „la relation entre le sujet de l'énonciation et l'énoncé." [26] auftut: „Ci sembrava che saremmo stati bene, […]." [27] Diese indirekte, hypothetische Art des Erzählens evoziert im Leser Verunsicherung und geschärfte Aufmerksamkeit für weitere Sonderbarkeiten. Sie begründet die Kluft zwischen dem Alltäglichen, Erwarteten und dem Ungewöhnlichen, Verstörenden, das von den Ameisen figuriert wird. Diese sind überall, sowohl im Haus, als auch in den Gedanken der Figuren:

---

[23] Caillois, R.: Das Bild des Phantastischen.
[24] Calvino, I.: La formica argentina. S. 89.
[25] Vgl. Todorov, T. : Introduction à la littérature fantastique. S. 42.
[26] Ebd. S. 43.
[27] Calvino, I.: La formica argentina. S. 85.

„Ma a letto non ci riusciva piú d`avere pace, con l`idea di quelle bestie dappertutto, [...].“[28]

Im Gegensatz zu dem schleichenden Einbruch in *La formica argentina* manifestiert sich der Einbruch des Fremden, Verstörenden in *Casa tomada* nur auf akustischer Ebene und urplötzlich ohne jegliche Anzeichen im vorherigen Geschehen: „El sonido venía impreciso y sordo, como un volcarse de silla sobre la alfombra o un ahogado susurro de conversación.“[29] Ebenso unbestimmt wie die akustische Manifestation der Invasoren ist die Bezeichnung, die der Ich-Erzähler ihnen zukommen lässt: „Han tomado la parte del fondo.“[30] Über das unbestimmte Personalpronomen, das im Spanischen in dem Morphem des Verbs enthalten ist, kommt die begriffliche Bestimmung des Fremden nicht hinaus. Für den Leser bleibt das gesichtslose Fremde in seinem Wesen fremd und unbestimmt. Die Sprache konstituiert hier nicht nur die Ratlosigkeit des Lesers, sondern auch den Einbruch des Unheimlichen und Rätselhaften selbst: „Le surnaturel naît du langage, il en est à la fois la conséquence et la preuve: [...].“[31]

Irene und ihr Bruder reden im weiteren Verlauf der Geschichte kein weiteres Mal über die Invasoren, ihr Wesen, ihre Absichten und Beweggründe. Entweder scheint ein unausgesprochenes Einverständnis und Wissen beider über diese zu bestehen, über das der Leser nicht in Kenntnis gesetzt wird oder aber sie sind schlicht nicht daran interessiert. Der Text bleibt hier doppeldeutig und erhöht im Leser das Gefühl der Verstörung, Ratlosigkeit und Unschlüssigkeit, das Todorov als ein entscheidendes Wesensmerkmal phantastischer Texte ansieht: „L`hésitation du lectuer est donc la première condiction du fantastique.“[32]

Hinzu kommt die Möglichkeit, dass es sich bei den Invasoren um Wesen anderer Zeitsphären und Dimensionen handeln könnte und die Erzählung sich so etwa in die Tradition der Gespenstergeschichte einreiht. Erneut sind die Ereignisse mehrsinnig: Entweder handelt es sich bei den Invasoren um Gespenster oder real existierende Menschen, oder aber die Invasion existiert nur in den Köpfen der beiden Geschwister. Die Ereignisse bleiben ambig, werden nicht aufgelöst oder erklärt und der Leser bleib wiedereinmal irritiert zurück. Bestätigt findet sich hier ein Wesenszug des Phantastischen, der dem Leser einander gegenüberstehende Lesarten offeriert:

---

[28] Ebd. S. 92.
[29] Cortázar, J.: Casa tomada. S. 109.
[30] Ebd. S. 109.
[31] Todorov, T.: Introduction à la littérature fantastique. S. 87.
[32] Ebd. S. 36.

„[...]; il se définit par la perception ambiguë qu´a le lecteur même des événements rapportés."[33]

Bekräftigt wird die darin gründende Verstörung durch das für den Leser seltsam anmutende Verhalten der Figuren nach der Besetzung der einen Hälfte des Hauses:

> -Entonces – dijo recogiendo las agujas – tendremos que vivir en este lado. Yo cebaba el mate con mucho cuidado. Pero ella tardó un rato en reanudar su labor. Me acuerdo que tejía un chaleco gris; a mí me gustaba ese chaleco.[34]

Sie kehren wieder in die gewohnte Regelmäßigkeit und Ordnung ihres Alltags zurück und das obwohl sie in dem besetzten Teil des Hauses Dinge zurücklassen mussten, die ihnen wichtig waren und jetzt fehlen. Kaum tröstend wirkt dabei die Aufzählung der angeblichen Vorteile der Besetzung: „Pero también tuvimos ventajas. La limpeiza se simplificó tanto [...]."[35]

Sie scheinen das Ereignis als vollkommen unbefremdlich zu empfinden, da es mit ihrer Weltkonzeption, ihrem Verständnis über das Mögliche und Unmögliche vereinbar ist. Es tut sich eine Kluft auf zwischen den Vorstellungen über das Mögliche in der Welt des Lesers und der der Erzählung. Die Welt der Erzählung erhält durch die Anerkennung des Einbruchs des Anderen „fantastique-merveilleux"[36] Züge.

Dieser plötzliche Einbruch manifestiert sich noch ein zweites Mal und schon der Ich-Erzähler weist auf die Wiederholungsstruktur dieser zweiten, letzten und entgültigen Okkupation des Hauses hin: „Es casi repetir lo mismo salvo las consecuencias."[37] Die Okkupation des Hauses folgt der gleichen Wiederholungsstruktur wie etwa das Verhalten der Figuren. Die Wiederholungsmechanismen durchziehen also sowohl den Aufbau des Hauses selbst, als auch die Struktur des Fremdeinbruchs.

Zum Schluss sind Irene und ihr Bruder gezwungen, das Haus zu verlassen und auf die Straße hinaus zu gehen. Konsequenz des Einbruchs des Fremden ist der vollkommene Verlust des eigentlich Eigenen und der Gang in das Unbekannte, das die Straße und die Außenwelt letztlich bedeuten und wovon sie sich abgeschottet haben.

Der Unbestimmtheit in *Casa tomada* wird in *La formica argentina* die Tatsache entgegengesetzt, das der Leser um die Beschaffenheit und das Wesen der Invasoren weiß. Auch wenn die argentinische Ameise eine besondere Ameisenart

---

[33] Ebd. S. 35.
[34] Cortázar, J.: Casa tomada. S. 109.
[35] Ebd. S. 109.
[36] Todorov, T.: Introduction à la littérature fantastique. S. 57.
[37] Cortázar, J.: Casa tomada. S. 110.

darstellt, die resistenter ist, sind diese Wesen sowohl den Figuren der Erzählung als auch dem Leser bekannt. Nichtsdestotrotz erscheint die Ameisenplage in gewissen Weise unnatürlich. Das verstörende Moment wird hier bestimmt von dem Ausmaß der Ameisenplage. Sie bedrohen nicht nur das Haus des Erzählers und seiner Familie, sondern auch das der Nachbarn Reginaudo und das Haus der Vermieterin Frau Mauro. Das Übernatürliche, Mysteriöse wird im Wesentlichen von der Übertreibung erzeugt: „L´exagération conduit au surnaturel."[38]

Die Ameisen erhalten nicht nur Zugang zu dem Haus, sondern auch in die Gedankenwelt der Figuren, so dass sogar Signore Baudino, der für das „Ente per la lotta contro la formica argentina"[39] arbeitet, ameisenhafte Züge vom Ich-Erzähler zugesprochen bekommt: „Cosí osservandolo mi venne in mente la regione dell`impressione strana che m`avere fatto a prima vista: assomigliava a una formica." [40] Die Geschichte verlässt hier den Rahmen einer rein realistischen Erzählung und wird ambig: Entweder weisen Signor Baudinos Gesichtzüge und sein Verhalten tatsächlich die vom Erzähler beobachteten Merkmale auf oder aber diese Affinität ist reine Projektion der geistigen Angespanntheit des Ich-Erzählers, ein Wahngebilde. Auch die Bezeichnung „uomo della formica"[41], die ihm sämtliche Nachbarn zukommen lassen, ermöglicht keinen Aufschluss über den Wirklichkeitsgehalt der Beschreibungen, da sie auf zweifache Weise interpretierbar ist. Sprache erweist sich also auch in dieser Geschichte von wesentlicher Bedeutung für die Konstitution des Phantastischen.

Die Gedanken der Figuren werden folglich in doppelter Weise von dem Fremden geprägt: Auf der einen Seite erweist sich Denken als unnützlich, nicht effizient bei der Vernichtung der Ameisenplage und wird so seiner Macht beraubt.[42] Andererseits erhält das Fremde Einzug in ihre alltägliche Gedankenwelt.

Aber nicht nur diese, sondern auch ihr Verhalten, besonders das des Nachbarn Capitano Brauni, ist auf die Bekämpfung der Ameisen fixiert. Hinter dem sauberen, gepflegten Garten verbirgt sich eine „parata di supplizi"[43], die er eigens für die Vernichtung der Ameisen erfunden hat. Die Bäume seines Gartens sind nicht mehr

---

[38] Vgl. Todorov, T.: Introduction à la littérature fantastique. S. 82.
[39] Calvino, I.: La formica argentina. S. 112.
[40] Ebd. S. 114.
[41] Ebd. S. 113.
[42] Vgl. Schmitz-Emans, Monika: Seetiefen und Seelentiefen. Literarische Spiegelungen innerer und äußerer Fremde. Hrsg. v. Manfred Schmeling u. Hans-Jürgen Lüsebrink u.a. Würzburg: Königshausen und Neumann 2003 (= Saarbrücker Beiträge zur vergleichenden Literatur- und Kulturwissenschaft). S.31.
[43] Calvino, I.: La formica argentina. S. 103.

einfach nur Bäume, sondern Funktionsträger, Teil des Vorhabens, den Ameisen Herr zu werden und wieder die ersehne Kontrolle über sein eigenes Leben zu gewinnen: „–Questo é un modello piú perfezionato, disse, conducendomi a un altro albero, [...]."[44] Die Natur wird gleichsam vom Menschen gegen einen Teil ihrer selbst, die Ameisen, funktionalisiert. Doch alle Erfindungen bringen nicht das erhoffte Ziel, da die Ameisen ein Feind sind, „contro cui la forza non vale."[45]

Nachdem sich nun herausgestellt hat, dass die jeweiligen Konstruktionen der narrativen Welt und ihrer textimmanenten Ordnung jeweils unterschiedliche Formen des Einbruchs zulassen, stellt sich die Frage, wie die Menschen, die Opfer, dieser Invasion entgegentreten.

## 2.3. Die Reaktionsweise des Menschen und Einordnung in literaturwissenschaftliche Positionen der Diskussion um das Wesen des Phantastischen

Der Mensch steht in beiden Erzählungen der Invasion anders gegenüber: Die kleine Familie in *La formica argentina* ringt verzweifelt um die ersehnte Ordnung, während sich die Geschwister in *Casa tomada* einfach mit den Ereignissen abfinden und diesen in keinerlei Weise versuchen aktiv entgegen zu wirken.

In Calvinos *La formica argentina* steht ein Mensch im Zentrum, der hilflos und ohnmächtig gegen die Natur kämpft. Die Welt, in der er lebt, ist nicht seine eigene, sondern wird von weiteren, fremden Kräften bewohnt, die ihm undurchschaubar und angsteinflößend entgegentreten. Das Haus, in dem sich die Familie gleichsam nicht heimisch fühlt, ist dabei Gleichnis des Verhältnisses des Menschen zur Welt.

Phantastische Literatur dient Calvino also zur Darstellung der Ohnmacht des Menschen, die deprimierend und pessimistisch wirkt. Der Tod, durch das Meer als vom Menschen nicht bewohnbarer Lebensraum dargestellt, ist der einzig denkbare Zustand, in dem der Mensch nicht von anderen Kräften bedrängt wird.[46]

Es machen sich hier Parallelen zu Gustafssons Verständnis von phantastischer Literatur auf, der das Phantastische in der Literatur darin sieht, „die Welt als undurchsichtig, als der Vernunft prinzipiell unzugänglich darzustellen."[47] Diese Welt, „wo der Mensch nicht zu Hause ist, wo er aus Versehen gelandet ist, und dessen

---

[44] Ebd. S. 102.
[45] Ebd. S. 95.
[46] Vgl. Schmitz-Emans, M.: Seetiefen und Seelentiefen. S. 38.
[47] Gustafsson, Lars: Über das Phantastische in der Literatur. Ein Orientierungsversuch. In: Utopien. S. 17.

Anordnung und Triebkräfte er deshalb auch nie verstehen oder überblicken wird"[48],

empfindet er als Labyrinth.

Cortázar verweist ebenfalls die Ohnmacht des Menschen, dessen Einsicht er aber als Herausforderung an den Intellekt begreift. So kann man Alazraki zustimmen, wenn er die narrative Welt Cortázars als

> [...] un desafío: un desafío a treinta siglos de dialécica judeo-cristiana, al criterio griego de verdad y error, a la lógica aristotélica y al principio de razón suficiente, al homo sapiens, en genral, [...]. [49]

charakterisiert. Angeregt soll beim Leser eben das, was die Geschwister schon leit langem vermieden haben: „Estábamos bien, y poco a poco empezábamos a no pensar. Se puede vivir sin pensar."[50] Lesbar sind beide Sätze auch als Warnung, sich nicht der gemütlichen, ruhigen Welt hinzugeben, in der der Glaube herrscht, der Welt unterliege eine gemeinsame Begriffssprache, die des Nachdenkens nicht mehr bedarf, da alles als gesichert erscheint. Phantastische Literatur muss also als Herausforderung verstanden werden um diesen Irrglauben, diese Form der Lebensgestaltung verhindern zu können.

Es wird ersichtlich, warum Cortázar den Leser mit so vielen Unbestimmtheiten zurücklässt. Sie sollen ihn zu Reflexionen über das Vermögen des Intellekts anregen, um zu der Erkenntnis zu gelangen, dass die rationalistische Naturwissenschaft, der menschliche Verstand generell, nicht alle Geheimnisse der Welt werden lösen können.

Calvino setzt mit seiner Kurzgeschichte eben genau bei dieser Erkenntnis an. Während Cortázar den Gedankengang zu dieser Erkenntnis stimulieren will, findet sich bei Calvino eine pessimistisch wirkende Bestätigung eben dieser Einsicht.

Als kurios erscheint dabei die Tatsache, auf die Thomas Grob bereits hingewiesen hat[51]: Obwohl Cortázar in *Casa tomada* eine Welt konstruiert, die märchenhaft anmutet, provoziert sie dennoch ein Verstehen über weltliche und nicht nur über die textimmanente Alterität. Der Leser vollzieht hier einen Sprung von der Textwirklichkeit hin zu seiner eigenen Wirklichkeit.

Einige Literaturwissenschaftler haben dabei die Struktur der Wirklichkeit in der Erzählung als Allegorie auf verschiedene soziale Handlungsfelder der

---

[48] Ebd. S. 24
[49] Alazraki, J.: Cortázar: aproximacion a su obra. S. 65
[50] Cortázar, J.: Casa tomada. S. 110.
[51] Vgl. Grob, T.: Phantastik, Phantasie, Fiktion. S. 156.

Weltwirklichkeit betrachtet. Jaime Alazraki zählt diese genauer auf[52], sie lassen sich aber zusammenfassen als Allegorie auf politische Ereignisse, zum Beispiel die Machtergreifung Perons, und bestimmte sozialhistorische Verhältnisse, wie etwa die Situation Lateinamerikas nach und während des zweiten Weltkrieges, oder etwa als Allegorie auf das pränatale Leben und die Geburt. Andere wiederum zogen intertextuelle Bezüge zu dem Mythos des Minotaurus, oder sahen in dem Handlungsverlauf den Akt der Apostasie gespiegelt. Diese Vielfalt an Interpretationen veranlasste Antón Arrufat zu der Aufforderung, die Bedeutung der Geschichte außer Acht zu lassen und sich einfach nur dem Lesegenuss hinzugeben.[53] Todorov allerdings fordert in einer seiner drei Bedingungen über phantastischer Texte, dass sie weder allegorisch noch poetisch gelesen werden sollen:

> Le fantastique implique donc non seuement l'existence d'un événement étrange, qui provoque une hésitation chez le lecteur et le héros ; mais aussi une manière de lire, qu'on peu pour l'instant définir négativement : elle ne doit être ni « poétique » ni « allégorique ».[54]

Und auch die im ersten Teil aufgeführten Verdopplungs- und Spaltungsstrukturen in Aufbau und Nutzung des Hauses, als auch im Tagesablauf der Figuren, weisen auf die Zuordnung der Geschichte in das Genre des Phantastischen als „Modus der Alerität"[55] und entfernt sich so von der einzigen Interpretation als Allegorie auf soziale Zustände.

In den Dopplungs- und Spaltungsstrukturen in *Casa tomada* spiegelt sich die Gegenüberstellung von Norm und Abweichung, von Eigen und Fremd, von Tag und Nacht. Cortázar verlagert den Einbruch des Fremden dabei bewusst in den Alltag des Menschen, um sich von der gotischen Literatur abzugrenzen:

> La irrupción de lo otro ocurre en mi caso de una manera marcadamente trivial y prosaica, sin advertencias premonitorias, tramas *ad hoc* y atosferas apropiadas como en la literatura gótica [...].[56]

Er verweist hier auch auf die Ursprünge phantastischer Literatur im 18. Jahrhundert als Gegenentwurf und Kritik am Wissenschaftsoptimismus und Vernunftsglauben der Aufklärung. Dabei kritisiert er an dem von ihm als „inventor del cuento fantástico moderno"[57] bezeichneten Edgar Allan Poe und allen gotischen Erzählungen mit ihren genrebildenden Chronotopi, Handlungsstrukturen und kodifizierten Requisiten, dass sie den Einbruch des Phantastischen in die Nacht verlegen: „No he llegado a

---

[52] Vgl. Alazraki, J.: Hacia Cortázar: aproximaciones a su obra. S. 72.
[53] Ebd. S. 73.
[54] Todorov, T.: Introduction à la littérature fantastique. S. 37.
[55] Grob, T.: Phantastik, Phantasie, Fiktion. S. 156.
[56] Alazraki, J.: Hacia Cortázar. S. 62.
[57] Alazraki, J.: Hacia Cortázar. S. 61.

comprender por qué lo fantástico está centrado en el costado nocturno del hombre y no en su lado diurno."[58] Alazraki hat aus diesem Grund versucht, den Begriff des Neo-Phantastischen zu definieren. [59] Er sieht darin die konsequente Weiterentwicklung des Phantastischen des 19. Jahrhunderts, dessen Hauptkennzeichen, in Übereinstimmung aller Theoretiker, seine Wirkungsästhetik, also das Evozieren von Gefühlen wie Angst und Schrecken, ist.[60] Für das Neo-Phantastische kennzeichnend ist im Gegensatz dazu, dass sich die Fiktion „von den düsteren Kulissen des 19. Jahrhunderts in den hellen Alltag, in das Hier und Jetzt des modernen Lesers"[61] verlagert, ebenso wie Cortázar und Calvino es für ihre Kurzgeschichten getan haben. In dieser Alltagswelt konstruieren sie fremde, verstörenden Zeichen und Phänomene und reagieren so mit phantastischer Literatur auf das „Befremden angesichts der Welt"[62] Ihre Geschichten sind Versuche, das Fremde zu bannen, nicht durch Begriffe, sondern durch narrative Konstrukte.

## 3. Fazit

Auch wenn beide Kurzgeschichten das gleiche thematische Fundament teilen, den Einbruch des Fremden in das eigene Haus, sind sowohl das Eigene, das Haus, als auch das Fremde von unterschiedlichem Charakter. Ist die Welt beider Geschwister in *Casa tomada* die einer strengen Ordnung und Regelmäßigkeit, sucht die kleine Familie in *La formica argentina* nach eben dieser damit verbundenen Stabilität und Sicherheit.

In ebenso unterschiedlichen Formen, aber doch im Verhältnis stehend zu der Konstruktion der textimmanenten Welt, manifestiert sich das Andere in beiden Geschichten. In *La formica argentina* sind es Ameisen, vermeintlich bekannte Insekten, die den ersehnten Traum nach einem intakten, ruhigen Familienleben in den eigenen Vierwänden stören. Sie sind nicht nur die kleinen heimlichen Untermieter der Familie des Erzählers, sondern haben die gesamte Umgebung für sich als Lebensraum eingenommen. Das Unheimliche, Verstörende wird nicht etwa wie in Cortázars *Casa tomada* durch die Verschwiegenheit beider Geschwister über

---

[58] Ebd. S. 61.
[59] Dieser Begriff wird hier nicht weiter erläutert werden. Alazraki definiert ihn ausführlichst in seiner 1983 erschienen Studie *En busca del unicorno*
[60] Barbetta, María Cecilia: Wie die phantastische Hand eine neo-phantastische wird. Eine Einführung in die Poetik des Neo-Phantastischen. In: Nach Todorov. Beiträge zu einer Definition des Phantastischen in der Literatur. Hrsg. v. Clemens Ruthner u. Ursula Reber u.a. Tübingen: Francke Verlag 2006. S. 217.
[61] Ebd. S. 219.
[62] Schmitz-Emans, Monika: Seetiefen und Seelentiefen. S. 33.

das Wesen der Invasoren konstituiert, sondern durch die Übertreibung, durch ihre quantitative Größe.

In *Casa tomada* spiegelt der Einbruch des unbestimmt bleibenden Fremden die Wiederholungsstruktur des Verhaltens der Figuren und erfolgt plötzlich, wohingegen sich die Invasion der Ameisen schleichend zeigt, da die Ordnung bereits porös und brüchig ist und so das heimliche Eindringen begünstigt.

Ein weiterer Unterschied von entscheidender Bedeutung ist in dem unterschiedlichen Verhalten der Hauptfiguren erkennbar. Irene und ihr Bruder scheinen sich mit der Okkupation ihres Hauses abzufinden und gehen kurz darauf ihren gewohnten Beschäftigungen nach. Im Gegensatz dazu kämpf die Kleinfamilie in *La formica argentina* mit allen Kräften gegen das Eindringen des Fremdartigen, scheitert aber letztlich.

Davon ausgehend lassen sich zwei unterschiedlichen Akzentuierungen in dem Umgang mit phantastischer Literatur als Literatur über das Fremde ableiten. Cortázar betreibt mit seiner Kurzgeschichte ein Spiel mit dem Verstand, indem er ihn herausfordert und ihm seine eigene Ohnmacht angesichts dessen, was er nicht versteht und auch nicht verstehen wird, präsentiert. Calvino hingegen inszeniert die Ohnmacht des Menschen mit pessimistisch-erdrückender Wirkung und tangiert so Gustafssons Verständnis phantastischer Literatur.

# 4. Bibliographie

Primärliteratur

Calvino, Italo: La formica argentina. In: Calvino, Italo: La nuvola di smog e La formica argentina. Torino: Einaudi 1958. S. 85 – 127.

Cortázar, Julio: Casa tomada. In: Cortázar, Julio: Cuentos Completos/1. Madrid: Alfaguara 1994 (= Serie Iberoamericana). S. 107 – 111.

Sekundärliteratur

Alazraki, Jaime: Hacia Cortázar. Aprximación a su obra. Barcelona: Anthropos 1994.

Barbetta, María Cecilia: Wie die phantastische Hand eine neo-phantastische wird. Eine Einführung in die Poetik des Neo-Phantastischen. In: Nach Todorov. Beiträge zu einer Definition des Phantastischen in der Literatur. Hrsg. v. Clemens Ruthner u. Ursula Reber u.a. Tübingen: Francke Verlag 2006. S. 209 – 227.

Caillois, Roger: Das Bild des Phantastischen. Vom Märchen bis zur Science Fiction. In: Phaïcon 1 – Almanach der phantastischen Literatur. Hrsg. v. Rein A. Zondergeld. Frankfurt 1974. S. 44 - 83.

Calvino, Italo: Una pietra sopra. Discorsi di letteratura e societá. Torino: Einaudi 1980.

Grob, Thomas: Phantastik, Phantasie, Fiktion: Autoreflexive literarische Phantastik und ihr romantisches Erbe. In: Nach Todorov. Beiträge zu einer Definition des Phantastischen in der Literatur. Hrsg. v. Clemens Ruthner u. Ursula Reber u.a. Tübingen: Francke Verlag 2006. S. 145 – 172.

Gustafsson, Lars: Über das Phantastische in der Literatur. Ein Orientierungsversuch. In: Utopien. S. 9 – 25.

Morella-Frosch, Marta: La relación personaje-espacio en las ficciones de Cortázar. In: Estudios sobre los cuentos de Julio Cortázar. Hrsg. v. David Lagmanovich. Barcelona 1975. S. 115-124.

Schmitz–Emans, Monika: Seetiefen und Seelentiefen. Literarische Spiegelungen innerer und äußerer Fremde. Hrsg. v. Manfred Schmeling u. Hans-Jürgen Lüsebrink u.a. Würzburg: Königshausen & Neumann 2003 (= Saarbrücker Beiträge zur vergleichenden Literatur- und Kulturwissenschaft).

Todorov, Tzvetan: Introduction à la littérature fantastique. Paris: Éditions du Seuil 1970.

Vax, Louis: Die Phantastik. In: Phaïcon 1 - Almanach der phantastischen Literatur. Hrsg. v. Rein A. Zondergeld. Frankfurt 1974. S. 11 – 42.